LIVRE DE RECETTES DE CUISINE AU BBQ

50 RECETTES FUMÉ & TENDRE

LOUISE ALICE

TABLE OF CONTENTS

INTRODUCTION

Bienvenue dans le livre de cuisine BBQ!

Vous êtes sur le point de vous lancer dans une aventure qui n'est pas seulement amusante, mais peut-être même un peu addictive. Mais une chose est sûre : c'est délicieux !

Vous débutez dans les grillades ? Vous avez peur d'allumer un barbecue ? Eh bien, n'ayez pas peur. Ce n'est pas aussi compliqué qu'il y paraît. Ce livre contient des recettes prêtes à l'emploi et certaines appellent même à des grillades à l'intérieur !

Qu'est-ce que le barbecue ?

Le barbecue vient du mot caribéen « barbacoa », qui est une structure indienne indigène utilisée pour fumer les viandes.

Il est important de noter que les grillades et les grillades sont deux concepts différents. Alors que les grillades utilisent une chaleur élevée et directe pour les cuissons rapides (pensez aux hamburgers, aux hot-dogs et aux steaks), le barbecue, en revanche, nécessite une chaleur indirecte, constante, faible et des temps de cuisson plus longs. Le barbecue utilise également différents types de bois de fumée pour une couche supplémentaire de saveur au-dessus de la fumée de charbon de bois. La viande utilisée pour le barbecue a également tendance à avoir une teneur en matières grasses plus élevée, ce qui lui confère une tendreté et une saveur pendant une longue durée de cuisson.

Conseils pour vous aider à démarrer :

- Pour éviter de perdre du jus lors du retournement, retournez toujours votre viande ou vos légumes à l'aide d'une pince ou d'une spatule.

- N'appuyez sur rien avec une spatule pendant la cuisson ! Cela fait sortir les jus.

- Pour une excellente saveur fumée, faites tremper des copeaux de bois dans l'eau.

- Pour infuser des aliments grillés avec de l'essence d'herbes, jetez les herbes directement sur le charbon de bois pendant que vous grillez.

LA VOLAILLE

1. Poulet Coq Cajun Patch

Ingrédients:

- 4 à 5 livres de poulet surgelé frais ou décongelé
- 4-6 verres d'huile d'olive extra vierge
- Cajun Spice Lab 4 cuillères à soupe ou mélange d'herbes sèches chaudes cajun Lucile Bloody Mary Mix

Les directions:

Frotter l'huile d'olive librement sous et sur la peau. Assaisonner le poulet dans tous les sens : et appliquer directement sur la viande sous la peau.

Enveloppez le poulet dans une pellicule plastique et placez-le au réfrigérateur pendant 3 heures pour absorber la saveur.

Faire du poulet pendant 1h30.

Placez le poulet sous une tente en aluminium pendant 15 minutes avant de le découper.

2. Quarts grillés de Yan

Ingrédients:

- 4 quartiers de poulet surgelés frais ou décongelés
- 4-6 verres d'huile d'olive extra vierge
- 4 cuillères à soupe de laboratoire sec original de Yang

Les directions:

Couper l'excès de peau et de gras de poulet. Peler soigneusement la peau de poulet et frotter l'huile d'olive au-dessus et en dessous de chaque peau de poulet.

Dans le laboratoire sec original de Jean, appliquez les assaisonnements sur le haut et le bas de la peau et à l'arrière du poulailler.

Enveloppez le poulet assaisonné dans une pellicule plastique et conservez-le au réfrigérateur pendant 2 à 4 heures pour absorber la saveur.

Placer le poulet sur le gril et cuire à 325 °F pendant 1 heure.

3. Cuisses toscanes rôties

Ingrédients:

- 8 cuisses de poulet, avec os, avec peau
- 3 huiles d'olive extra vierge au goût d'ail rôti
- 3 tasses d'assaisonnement toscan ou toscan par cuisse

Les directions:

Frotter légèrement l'huile d'olive derrière et sous la peau et les cuisses. Un assaisonnement de Toscane, assaisonné sur la peau de la cuisse et le haut et le bas du dos.

Envelopper les cuisses de poulet dans une pellicule plastique, réfrigérer pendant 1 à 2 heures et laisser le temps à la saveur d'être absorbée avant de rôtir.

Selon le gril du fumoir, rôtir pendant 40 à 60 minutes jusqu'à ce que la température de fumée interne de la partie épaisse de la cuisse de poulet atteigne 180 ° F. Placez les cuisses toscanes rôties sous une tente en aluminium pendant 15 minutes avant de servir.

4. Pilon Fumé Teriyaki

Ingrédients:

- 3 tasses de marinade teriyaki et de sauce de cuisson comme l'original gourmet de Yoshida
- Assaisonnement volaille 3 c.
- 1 cuillère à café d'ail en poudre
- 10 pilons de poulet

Les directions:

Dans un bol moyen, mélanger la marinade et la sauce de cuisson avec l'assaisonnement pour poulet et la poudre d'ail.

Mettez le pilon dans une casserole à marinade ou un sac en plastique scellable de 1 gallon et versez le mélange de marinade dans le pilon. Réfrigérer toute la nuit.

Placer la peau sur le pilon et, pendant que le gril préchauffe, accrocher le pilon sur une cuisse de volaille et une grille à ailes pour égoutter la plaque de cuisson sur le plan de travail. Si vous n'avez pas de cuisse de volaille et de porte-plume, vous pouvez sécher le pilon en le tapotant avec un essuie-tout.

Après 1 heure, augmentez la température de fumée du trou à 350 ° F et faites cuire le pilon pendant 30 à 45 minutes supplémentaires jusqu'à ce que la partie la plus épaisse du bâton atteigne une température de fumée interne de 180 ° F.

5. Poitrine de dinde à l'os fumé

Ingrédients:

- 1 poitrine de dinde désossée (8-10 livres)
- 6 cuillères à soupe d'huile d'olive extra vierge
- 5 assaisonnements originaux de laboratoire sec ou de volaille Yang

Les directions:

Frotter ou assaisonner soigneusement sous la cavité thoracique, sous la peau et sur la peau.

Placez la poitrine de dinde dans un support en V pour une manipulation sûre ou placez-la directement sur une grille avec la poitrine vers le haut.

Déposez les poitrines de dinde sur le plan de travail de la cuisine à température de fumée ambiante et préchauffez le gril du fumoir.

Fumer la poitrine de dinde désossée directement sur une grille en V ou sur un grill à 225 °F pendant 2 heures.

Après 2 heures de fumée de hickory, augmentez la température de fumée du noyau à 325 ° F. Faites rôtir jusqu'à ce que la partie la plus épaisse de la poitrine de dinde atteigne une température de fumée interne de 170 ° F et que le jus soit clair.

Placez la poitrine de dinde fumée au noyer sous une tente en aluminium pendant 20 minutes, puis grattez le grain.

6. Canard Entier Fumé

Ingrédients:

- 5 livres de canard entier (débarrassé de tout excès de graisse)
- 1 petit oignon (en quartiers)
- 1 pomme (coincée)
- 1 orange (en quartiers)
- 1 cuillère à soupe de persil fraîchement haché
- 1 cuillère à soupe de sauge fraîchement hachée
- ½ cuillère à café d'oignon en poudre
- 2 cc de paprika fumé
- 1 cuillère à café d'assaisonnement italien séché

- 1 cuillère à soupe d'assaisonnement grec séché
- 1 cuillère à café de poivre ou au goût
- 1 cuillère à café de sel de mer ou au goût

Les directions:

Pour faire du rub, mélanger la poudre d'oignon, le poivre, le sel, l'assaisonnement italien, l'assaisonnement grec et le paprika dans un bol à mélanger.

Insérez l'orange, l'oignon et la pomme dans la cavité du canard. Farcir le canard de persil fraîchement haché et de sauge.

Assaisonner généreusement tous les côtés du canard avec le mélange à frotter.

Placez le canard sur la grille du gril.

Rôtir pendant 2 à 2 1/2 heures, ou jusqu'à ce que la peau du canard soit brune et que la température de fumée interne de la cuisse atteigne 160°F.

7. Offres de poulet

Ingrédients:

- 6 filets de poulet
- c. à thé d'ail granulé (pas d'ail en poudre)
- cc de poivre
- 1 cc de paprika
- ½ cuillère à café de sel casher
- 1 cuillère à soupe d'huile d'olive
- 1 cuillère à soupe de jus de citron
- 1 cuillère à café d'assaisonnement italien
- 1 cuillère à soupe de persil haché

Les directions:

Dans un grand bol, mélanger l'ail, le poivre, le sel, le citron, l'assaisonnement italien et le paprika. Ajouter les filets de poulet et mélanger pour combiner. Couvrir le bol et réfrigérer 1 heure.

Retirez les filets de poulet de la marinade et laissez-les reposer pendant 1 heure, jusqu'à ce que les filets soient à température ambiante. Séchez avec des serviettes en papier

Disposer les filets de poulet sur le gril et griller 8 minutes, 4 minutes de chaque côté.

8. Thanksgiving Turquie

Ingrédients:

- 2 tasses de beurre (ramolli)
- 1 cuillère à soupe de poivre noir concassé
- 2 cuillères à café de sel casher
- 2 cuillères à soupe de romarin fraîchement haché
- 2 cuillères à soupe de persil fraîchement haché
- 2 cuillères à soupe de sauge fraîchement hachée
- 2 cuillères à café de thym séché
- 6 gousses d'ail (émincées)
- 1 dinde (18 livres)

Les directions:

Dans un bol, mélanger le beurre, la sauge, le romarin, 1 cuillère à café de poivre noir, 1 cuillère à café de sel, le thym, le persil et l'ail.

Utilisez vos doigts pour détacher la peau de la dinde.

Généreusement, frottez le mélange de beurre sous la peau de la dinde et sur toute la dinde également. 4. Assaisonner généreusement la dinde avec le mélange d'herbes. 5. Préchauffer le gril à 300 °F avec le couvercle fermé pendant 15 minutes.

Placer la dinde sur le gril et rôtir pendant environ 4 heures, ou jusqu'à ce que la température de fumée de la cuisse de dinde atteigne 160°F.

Retirer la dinde du gril et laisser reposer quelques minutes.

Couper en tailles et servir.

9. Dinde Fumée Spatchcock

Ingrédients:

- 1 dinde (18 livres)
- 2 cuillères à soupe de persil frais finement haché
- 1 cuillère à soupe de romarin frais finement haché
- 2 cuillères à soupe de thym frais haché finement
- $\frac{1}{2}$ tasse de beurre fondu
- 1 cuillère à café d'ail en poudre
- 1 cuillère à café de poudre d'oignon

- 1 cuillère à café de poivre noir moulu
- 2 cuillères à café de sel ou au goût
- 2 cuillères à soupe d'échalotes finement hachées

Les directions:

Dans un bol, mélanger le persil, le romarin, les oignons verts, le thym, le beurre, le poivre, le sel, l'ail et la poudre d'oignon.

Frotter le mélange de beurre sur tous les côtés de la dinde.

Préchauffer votre gril à ÉLEVÉ (450 °F) avec le couvercle fermé pendant 15 minutes.

Placer la dinde directement sur la grille du gril et cuire pendant 30 minutes. Réduire les granulés de bois préférés à 300 °F et cuire pendant 4 heures supplémentaires.

Retirer la dinde du gril et laisser reposer quelques minutes.

Couper en tailles et servir.

10. Quarts de Cuisse de Poulet Fumé

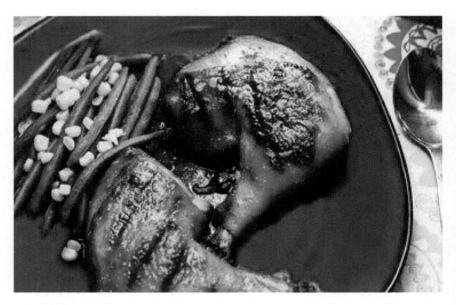

Ingrédients:

- 8 quartiers de cuisse de poulet
- 2 cuillères à soupe d'huile d'olive
- 1 cuillère à café de sel ou au goût
- ½ cuillère à café de poudre de chili
- ½ cuillère à café de paprika
- ½ cuillère à café de thym moulu
- 1 cuillère à café de romarin séché
- ½ cuillère à café de poivre de cayenne
- 1 cuillère à café d'ail en poudre
- 1 cuillère à café de poudre d'oignon

Les directions:

Pour faire du rub, mélanger le poivre de Cayenne, le romarin, l'ail, la poudre d'oignon, le piment, le paprika, le sel et le thym.

Verser de l'huile sur les cuisses de poulet et assaisonner généreusement les quartiers avec le mélange à friction.

Disposer le poulet sur la grille du gril. Fumer pendant 1 heure en retournant à mi-cuisson.

Cuire 1 heure supplémentaire.

Retirer le poulet du gril et laisser reposer environ 15 minutes.

Servir et déguster.

11. Poulet fumé au citron et à l'ail

Ingrédients:

- Poulet entier (3 lb, 1,4 kg)
- La saumure
- Sel – $\frac{1}{2}$ tasse
- Cassonade – 1 tasse
- Eau – 3 $\frac{1}{2}$ litres

Le frottement

- Ail haché – $\frac{1}{4}$ tasse
- Poudre d'ail - 2 cuillères à soupe
- Jus de citron - 3 cuillères à soupe
- Paprika – 2 $\frac{1}{2}$ cuillères à soupe

- Poudre de chili - 2 cuillères à soupe
- Thym – $\frac{3}{4}$ cuillère à soupe
- Cayenne – 2 cuillères à soupe
- Sel – 1 cuillère à soupe
- Poivre noir – 2 cuillères à soupe

Le remplissage

- Oignon haché - 1 tasse
- Ail – 5 gousses
- Thym – 5 brins

Les directions:

Placer le poulet dans la saumure pendant la nuit.

Mélanger les ingrédients du mélange et frotter le poulet avec le mélange d'épices, puis remplir la cavité avec l'oignon haché, l'ail et le thym.

Fumer le poulet pendant environ 3 heures.

12. Dinde brune fumée au miel sucré

Ingrédients:

- Dinde entière (6 lb, 2,7 kg)
- Sel – 5 cuillères à soupe
- Cassonade – 5 cuillères à soupe
- Thym - 1 cuillère à soupe
- Romarin haché – 1 cuillère à soupe
- Sauge – 1 cuillère à soupe
- Poivre noir – 2 $\frac{1}{2}$ cuillères à café
- Poudre d'ail - 2 cuillères à café
- Miel brut – 1 tasse
- Cassonade – 3 cuillères à soupe

- Vinaigre de cidre de pomme - 2 cuillères à soupe
- Moutarde – $\frac{3}{4}$ cuillère à soupe
- Sel - 1 cuillère à café
- Poivre – 2 cuillères à café

Les directions:

Mélanger les ingrédients du rub & frotter la dinde avec le mélange d'épices puis laisser reposer quelques minutes.

Fumer la dinde pendant environ 4 heures.

Placez rapidement la cassonade, le vinaigre de cidre de pomme, la moutarde, le sel et le poivre dans un bol, puis versez le miel cru sur le mélange. Remuer jusqu'à ce que combiné.

Badigeonner la dinde fumée avec le mélange de miel puis la remettre dans le fumoir.

13. Ail de poulet fumé épicé

Ingrédients:

- Poulet entier (3 lb, 1,4 kg)
- Sel – 1 cuillère à café
- Paprika – 1 cuillère à café
- Poudre d'ail - 1 ½ cuillères à café
- Poivre noir – 1 ½ cuillères à café
- Flocons de piment rouge – 2 cuillères à café
- Piment de Cayenne – ½ cuillère à café
- Thym – ¾ cuillère à café
- Origan – ½ cuillère à café
- Cassonade – 3 cuillères à soupe

Les directions:

Frotter le poulet avec du sel, du paprika, de la poudre d'ail, du poivre noir, des flocons de piment rouge, du poivre de Cayenne, du thym, de l'origan et de la cassonade.

Enveloppez le poulet assaisonné d'une pellicule plastique puis laissez-le reposer pendant environ une heure. Conserver au réfrigérateur pour le garder frais

Fumer le poulet pendant environ 3 heures.

Couper le poulet fumé en morceaux puis servir.

14. Poulet effiloché fumé à chaud

Ingrédients:

- Poitrine de poulet désossée (3 lb, 1,4 kg)
- Paprika – 3 cuillères à soupe
- Poudre de chili – 3 cuillères à soupe
- Thym - 1 ½ cuillères à soupe
- Poudre d'ail - 1 ½ cuillères à soupe
- Poudre d'oignon - 1 ½ cuillères à soupe
- Cayenne – 3 cuillères à soupe
- Sel – 1 ½ cuillères à soupe
- Poivre noir – 1 ½ cuillères à soupe

- Miel – ½ tasse
- Sirop d'érable – ¼ tasse
- Cassonade – 2 cuillères à soupe

Les directions:

Mélanger les ingrédients du rub et frotter avec le mélange d'épices. Laissez reposer quelques minutes.

Fumez le poulet pendant une heure puis transférez-le dans une casserole en aluminium jetable.

Mélanger rapidement le miel avec le sirop d'érable puis remuer jusqu'à ce qu'il soit incorporé.

Verser la moitié du mélange de miel sur la poitrine de poulet, puis saupoudrer de cassonade sur le dessus.

Placez la poêle en aluminium jetable avec le poulet à l'intérieur dans le fumoir à granulés puis fumez pendant environ 2 heures.

15. Blanc De Poulet Fumé

Ingrédients:

- Poitrine de poulet désossée (4,5 lb, 2 kg)
- Huile végétale – 3 cuillères à soupe
- Bouillon de poulet – $\frac{1}{4}$ tasse
- Sauce Worcestershire – 2 cuillères à soupe
- Sel – $\frac{3}{4}$ cuillère à soupe
- Poudre d'ail - 1 $\frac{1}{2}$ cuillères à café
- Poudre d'oignon - 1 $\frac{1}{2}$ cuillères à café
- Feuille de laurier – $\frac{3}{4}$ cuillère à café
- Thym – $\frac{3}{4}$ cuillère à café
- Sauge – $\frac{3}{4}$ cuillère à café

- Poivre noir – ¾ cuillère à café
- Sel – 2 cuillères à soupe
- Ail haché – 3 cuillères à soupe
- Gingembre émincé – 1 cuillère à soupe
- Jus de citron - 3 cuillères à soupe

Les directions:

Versez l'huile végétale et le bouillon de poulet dans un bol, puis assaisonnez avec la sauce Worcestershire, le sel, la poudre d'ail, la poudre d'oignon, la feuille de laurier, le thym, la sauge et le poivre noir. Remuez le liquide jusqu'à ce qu'il soit incorporé.

Remplissez un injecteur avec le mélange liquide puis injectez la poitrine de poulet à plusieurs endroits.

Après cela, combinez les ingrédients du rub et frottez la poitrine de poulet avec le mélange d'épices, puis laissez reposer pendant une heure.

Fumez le poulet pendant 2 heures.

16. Poulet barbecue

Ingrédients:

- 8 poitrines de poulet
- Deux t. sel
- Deux c. sauce barbecue, divisée
- Deux t. poudre d'ail
- Deux t. poivre

Les directions:

Ajoutez des granulés de granulés de bois préférés à votre fumoir et suivez la procédure de démarrage de votre cuisinière. Préchauffez votre fumoir, couvercle fermé, jusqu'à ce qu'il atteigne 250.

Frotter le poulet avec les épices et déposer dans une rôtissoire. Couvrir le poulet avant de le placer sur le gril. Pendant environ deux heures, laissez-les fumer. Il doit atteindre 165. Durant les 15 dernières minutes, arroser avec un c. de sauce barbecue.

Servir avec le reste de la sauce.

17. Turquie entière

Ingrédients:

- Deux t. thym
- Deux t. sauge
- ½ c. jus de pomme
- Un bâton de beurre fondu
- c. Assaisonnement de volaille
- dinde de 10 à 12 livres

Les directions:

Ajoutez des granulés de granulés de bois préférés
à votre fumoir et suivez la procédure de
démarrage de votre cuisinière. Préchauffez votre

fumoir, couvercle fermé, jusqu'à ce qu'il atteigne 250.

Frotter l'huile et l'assaisonnement sur la dinde. Mettez-en sous la peau ainsi qu'à l'intérieur.

Mélanger le thym, la sauge, le jus et le beurre.

Placez la dinde dans une rôtissoire, mettez-la sur le gril, couvrez et laissez cuire 5 à 6 heures. Arrosez-le toutes les heures avec le mélange de jus. Il doit atteindre 165. Laisser reposer 15 à 20 minutes avant de découper.

18. Poitrines de poulet barbecue

Ingrédients:

- Deux sauces T. Worcestershire
- ½ c. sauce barbecue chaude
- Un c. sauce barbecue
- Deux gousses d'ail émincées
- c. huile d'olive
- 4 poitrines de poulet

Les directions:

Mettez les poitrines de poulet dans un récipient profond.

Dans un autre bol, mettre la sauce Worcestershire, les sauces barbecue, l'ail et l'huile d'olive. Bien mélanger pour combiner.

Utiliser la moitié pour faire mariner le poulet et réserver le reste pour l'arroser.

Ajoutez des granulés de granulés de bois préférés à votre fumoir et suivez la procédure de démarrage de votre cuisinière. Préchauffez votre fumoir, couvercle fermé, jusqu'à ce qu'il atteigne 350.

Sortez les poitrines de poulet de la sauce. Sur le gril, placez-les avant de les fumer pendant environ 20 minutes.

Environ dix minutes avant la fin du poulet, arroser avec la sauce barbecue réservée.

19. Poulet à la coriandre et au citron vert

Ingrédients:

- Poivre
- Le sel
- 4 gousses d'ail hachées
- ½ c. jus de citron vert
- Un c. mon chéri
- Deux T. huile d'olive
- ½ c. coriandre hachée
- 4 poitrines de poulet

Les directions:

Mettez les poitrines de poulet dans un grand sac zippé.

Dans un autre bol, mettre le poivre, le sel, l'huile d'olive, l'ail, le miel, le jus de citron vert et la coriandre. Bien mélanger pour combiner.

Utilisez la moitié comme marinade et réservez le reste pour plus tard.

Placer au réfrigérateur pendant quatre à cinq heures.

Retirez les poitrines de poulet du sac. Utilisez des serviettes en papier pour les sécher. Laissez-les fumer au grill pendant une quinzaine de minutes.

Environ cinq minutes avant la fin du poulet, arroser avec la marinade réservée.

20. Poulet au citron et au miel

Ingrédients:

- Poivre
- Le sel
- Romarin haché
- Une gousse d'ail écrasée
- Un T. miel
- Jus d'un citron
- $\frac{1}{2}$ c. bouillon de poulet
- 3 cuillères à soupe de beurre
- 4 poitrines de poulet

Les directions:

Placez une casserole sur le feu et faites fondre le beurre. Placer les poitrines de poulet dans le beurre chaud et saisir de chaque côté jusqu'à ce qu'une belle couleur se forme.

Sortez de la poêle et laissez reposer une dizaine de minutes.

Dans un petit bol, mettre le poivre, le sel, le romarin, l'ail, le miel, le jus de citron et le bouillon. Bien mélanger pour combiner.

Frotter chaque poitrine avec le mélange miel-citron.

Mettez les poitrines de poulet sur le gril préchauffé et faites griller pendant 20 minutes.

21. Poulet au café aux herbes

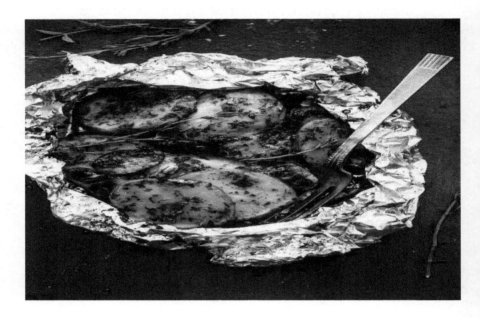

Ingrédients:

- Le sel
- c. café fort infusé
- Un t. graines de coriandre
- 4 tranches de citron
- Un t. poivres
- Un t. graines de moutarde
- $\frac{1}{2}$ c. bouillon de poulet
- c. cassonade foncée, emballée
- Deux T. beurre fondu
- 4 demi-poitrines de poulet

Les directions:

Frottez le beurre sur le poulet et frottez-le avec le sel.

Dans un énorme récipient, mélanger le reste des ingrédients. Couvrir le poulet de marinade.

Placer au réfrigérateur pendant deux heures.

Ajoutez des granulés de granulés de bois préférés à votre fumoir et suivez la procédure de démarrage de votre cuisinière. Préchauffez votre fumoir, couvercle fermé, jusqu'à ce qu'il atteigne 350.

Fumez le poulet pendant dix minutes. Il n'est pas nécessaire de retourner. Servir.

22. Cuisses de poulet aux poivrons rouges

Ingrédients:

- Une poudre d'ail T.
- Un t. poudre de curry
- Un t. flocons de piment rouge
- Un t. poivre noir
- Deux T. huile d'olive
- $\frac{1}{2}$ c. bouillon de poulet
- Un t. Origan
- Un t. paprika
- Deux livres de cuisses de poulet

Les directions:

Mettez les cuisses de poulet dans un grand plat plat en une seule couche.

Dans un bol, mettre l'huile d'olive, la poudre d'ail, le curry, l'origan, le poivre, le paprika, les flocons de piment rouge et le bouillon. Bien mélanger pour combiner.

Le mélange doit être versé sur le poulet.

Laissez mariner le poulet pendant quatre heures.

Ajoutez des granulés de granulés de bois préférés à votre fumoir et suivez la procédure de démarrage de votre cuisinière. Préchauffez votre fumoir, couvercle fermé, jusqu'à ce qu'il atteigne 450.

Les cuisses de poulet doivent être retirées du sac. Utilisez des serviettes en papier pour les sécher. Placez-les sur le gril préchauffé avec la peau vers le bas et fumez pendant dix minutes. Retourner et cuire une dizaine de minutes supplémentaires.

POISSON ET FRUITS DE MER

23. Saumon Fumé Confit à l'Orange Gingembre

Ingrédients:

- Filet de saumon (4 lb, 1,8 kg)

La marinade

- Cassonade – ¼ tasse
- Sel – ½ cuillère à café

Le frottement

- Ail haché - 2 cuillères à soupe
- Gingembre frais râpé – 1 cuillère à café
- Zeste d'orange râpé – ½ cuillère à café

- Piment de Cayenne – ½ cuillère à café

Le glaçage

- Vin rouge – 2 cuillères à soupe
- Rhum brun – 2 cuillères à soupe
- Cassonade – 1 ½ tasse
- Miel – 1 tasse

Les directions:

Mélanger le sel avec la cassonade puis appliquer sur le filet de saumon.

Frotter le filet de saumon avec le mélange d'épices puis réserver.

Placer le saumon assaisonné dans le fumoir Pellet et fumer pendant 2 heures.

Mélangez le vin rouge avec le rhum brun, la cassonade et le miel, puis remuez jusqu'à dissolution. Arroser.

24. Poitrine de thon fumé au citron vert juteux

Ingrédients:

- Poitrine de thon (3 lb, 1,4 kg)
- La marinade
- Citrons verts frais – 2
- Sucre blanc – 2 cuillères à soupe
- Cassonade – 3 cuillères à soupe
- Poivre – ½ cuillère à café
- Sauce soja – 1 cuillère à soupe
- Sauce Sriracha – 2 cuillères à soupe

Les directions:

Faire mariner la poitrine de thon avec le jus pendant 10 minutes.

Pendant ce temps, mélanger le sucre blanc avec la cassonade, le poivre, la sauce soja et la sauce Sriracha, puis bien mélanger.

Lavez et rincez la poitrine de thon puis séchez-la.

Attendez que le fumoir à pellets atteigne la température de fumée souhaitée, puis placez-y la poitrine de thon assaisonnée.

Fumez la poitrine de thon pendant 2 heures ou jusqu'à ce qu'elle s'émiette et une fois que c'est fait, retirez-la du fumoir.

25. Maquereau fumé au beurre de citron avec saumure de baies de genièvre

Ingrédients:

- Filet de maquereau (4 lb, 1,8 kg)

La saumure

- Eau froide – 4 tasses
- Graines de moutarde – 1 cuillère à soupe
- Baies de genièvre séchées – 1 cuillère à soupe
- Feuilles de laurier – 3
- Sel – 1 cuillère à soupe

Le glaçage

- Beurre – 2 cuillères à soupe

- Jus de citron – 2 cuillères à soupe

Les directions:

Versez de l'eau froide dans un récipient puis assaisonnez avec du sel, des feuilles de laurier, des baies de genièvre séchées et des graines de moutarde puis remuez bien.

Ajouter le filet de maquereau au mélange de saumure puis faire tremper. Déposez les maquereaux salés sur une feuille de papier aluminium puis badigeonnez-les de beurre.

Arroser de jus de citron puis envelopper le filet de maquereau avec du papier aluminium.

Fumez le maquereau enveloppé pendant 2 heures ou jusqu'à ce qu'il s'émiette et une fois que c'est fait, retirez-le du fumoir.

26. Crabe Fumé

Ingrédients:

- Crabes frais (7 lb, 3,2 kg)

La sauce

- Sel – 1 cuillère à soupe
- Piment de Cayenne – 1 ½ cuillères à café
- Beurre salé - 2 tasses
- Jus de citron – ½ tasse
- Sauce Worcestershire – 1 cuillère à soupe
- Poudre d'ail - 2 cuillères à café
- Paprika fumé – 2 cuillères à café

Les directions:

Préchauffer une casserole à feu doux puis faire fondre le beurre. Laissez refroidir.

Assaisonnez le beurre fondu avec du sel, du poivre de Cayenne, de la sauce Worcestershire, de la poudre d'ail et du paprika fumé, puis versez le jus de citron dans le beurre fondu. Remuer jusqu'à incorporation et réserver.

Disposez les crabes dans un plat en aluminium jetable puis versez la sauce sur les crabes.

Fumez les crabes pendant 30 minutes puis retirez-les du fumoir.

27. Crevettes Fumées à l'Ail Cayenne

Ingrédients:

- Crevettes fraîches (3 lb, 1,4 kg)

Les épices

- Huile d'olive - 2 cuillères à soupe
- Jus de citron – 2 cuillères à soupe
- Sel – ¾ cuillère à café
- Paprika fumé – 2 cuillères à café
- Poivre – ½ cuillère à café
- Poudre d'ail - 2 cuillères à soupe
- Poudre d'oignon - 2 cuillères à soupe
- Thym séché – 1 cuillère à café
- Piment de Cayenne – 2 cuillères à café

Les directions:

Mélanger le sel, le paprika fumé, le poivre, la poudre d'ail, la poudre d'oignon, le thym séché et le poivre de Cayenne, puis bien mélanger. Mettre de côté.

Arroser les crevettes d'huile d'olive et de jus de citron et secouer pour enrober. Laisser reposer les crevettes environ 5 minutes.

Saupoudrer le mélange d'épices sur les crevettes puis remuer jusqu'à ce que les crevettes soient entièrement assaisonnées.

Placez la poêle en aluminium jetable avec les crevettes dans le fumoir à pellets et fumez les crevettes pendant 15 minutes. Les crevettes seront opaques et roses.

Sortez les crevettes fumées du fumoir Pellet et transférez-les dans un plat de service.

Servir et déguster.

28. Crabe Fumé Cannelle Gingembre

Ingrédients:

- Crabes frais (7 lb, 3,2 kg)

Les épices

- Sel – 1 cuillère à soupe
- Graines de céleri moulues – 3 cuillères à soupe
- Moutarde moulue – 2 cuillères à café
- Piment de Cayenne – ½ cuillère à café
- Poivre noir – ½ cuillère à café
- Paprika fumé – 1 ½ cuillères à café
- Girofle moulu – Une pincée
- Piment de la Jamaïque moulu – ¾ cuillère à café

- Gingembre moulu – 1 cuillère à café
- Cardamome moulue – ½ cuillère à café
- Cannelle moulue – ½ cuillère à café
- Feuilles de laurier - 2

Les directions:

Mélanger les épices entières & Saupoudrer le mélange d'épices sur les crabes puis envelopper les crabes de papier d'aluminium.

Placer les crabes emballés dans le fumoir Pellet et fumer pendant 30 minutes.

Une fois cela fait, retirez les glucides fumés emballés du fumoir à pellets et laissez-le reposer pendant environ 10 minutes.

Déballez les crabes fumés et transférez-les dans un plat de service.

29. Huîtres Grillées Simples

Ingrédients:

- 4 douzaines d'huîtres, lavées
- quartiers de citron
- 1 tasse de beurre
- 1 cuillère à café de sel assaisonné
- 1 cc de poivre citronné

Les directions:

Préchauffer le gril à granulés à 350F.

Faire fondre le beurre avec le sel assaisonné et le poivre citronné en mélangeant bien. Laisser mijoter 10 minutes.

Placer les huîtres, non décortiquées, sur le gril à granulés.

Lorsque les coquilles s'ouvrent (3 à 5 minutes), utilisez un couteau à huîtres pour détacher l'huître de la coquille supérieure et remettez-la dans la tasse avec la liqueur d'huître chaude. Jeter le couvercle.

Ajouter une cuillère à café de beurre assaisonné et servir.

30. Huîtres Asiago à l'Ail

Ingrédients:

- 1 lb de beurre à la crème sucrée
- 1 cuillère à soupe. ail haché
- 2 douzaines d'huîtres fraîches
- $\frac{1}{2}$ C. de fromage Asiago râpé
- Pain français, réchauffé
- $\frac{1}{4}$ tasse de ciboulette, coupée en dés

Les directions:

Démarrer le gril à granulés et chauffer à moyen-élevé.

Faire fondre le beurre à feu moyen-élevé. Réduire le feu à doux et incorporer l'ail.

Cuire 1 minute et retirer du feu.

Placer les huîtres, tasse vers le bas, sur le gril à granulés. Dès que les coquilles s'ouvrent, retirez du gril.

Écaillez les huîtres en gardant en place autant de liqueur d'huître que possible.

Couper le muscle conjonctif et remettre chaque huître dans sa coquille.

Arroser chaque huître de 2 cuillères à café de mélange de beurre et saupoudrer de 1 cuillère à café de fromage. Griller à feu vif 3 minutes ou jusqu'à ce que le fromage brunisse. Saupoudrer de ciboulette.

Retirer du gril à granulés et servir immédiatement avec du pain et le reste du beurre à côté.

31. Huîtres au wasabi

Ingrédients:

- 12 petites huîtres du Pacifique, crues en coquille 2 c. vinaigre de vin blanc
- 8 oz de vin blanc 1/4 C d'échalotes, émincées
- 2 cuillères à soupe. moutarde au wasabi 1 c. sauce soja
- 1 T de beurre non salé, coupé en cubes 1 T de feuilles de coriandre hachées
- Sel et poivre noir au goût

Les directions:

Dans une casserole, à feu moyen, mélanger le vinaigre de vin blanc, le vin et les échalotes. Laisser mijoter jusqu'à ce que le liquide soit légèrement réduit. Ajouter la moutarde au wasabi et la sauce soja en remuant.

A feu doux, incorporez progressivement le beurre. Ne laissez pas bouillir le mélange. incorporer la coriandre et retirer du feu.

Cuire les huîtres jusqu'à ce que les coquilles s'ouvrent. Retirer les huîtres du gril à granulés et couper le muscle conjonctif de la coquille supérieure,

Pressez chaque huître (en coquille) dans le gros sel pour la maintenir droite, puis versez 1 à 2 cuillères à café de sauce au beurre de wasabi sur chacune et servez immédiatement.

32. Truite de camp de poissons

Ingrédients:

- 4 petites truites entières, nettoyées
- 4 tranches de bacon
- 4 brins de thym frais
- 1 citron
- sel et poivre au goût

Les directions:

Grilles à huile et préchauffer le gril à granulés.
Faites frire le bacon pour qu'il commence à cuire,
mais qu'il soit encore mou. Rincez la truite et
séchez-la avec une serviette en papier.

Placer une branche de thym à l'intérieur de chaque poisson. Envelopper chaque truite d'une bande de bacon et fixer avec un cure-dent.

Placer la truite sur un grill à granulés ou dans un panier grill huilé et griller 5 à 7 minutes de chaque côté selon la taille de la truite. La truite est cuite lorsque la viande devient opaque au centre et s'effrite facilement.

Pressez un peu de jus de citron frais sur chaque poisson et servez.

33. Bar grillé du sud

Ingrédients:

- 2 livres. filets ou steaks de bar
- 1 tasse de mayonnaise
- 125 grammes. sauce soja

Les directions:

Mélanger la mayonnaise et la sauce soja.

Couvrir toute la surface (côté viande) de chaque filet de bar avec le mélange.

Placer sur le gril à granulés, côté peau vers le bas. Ne pas tourner.

Lorsque les bords remontent et que les écailles s'écaillent, retirez et servez.

34. Saumon du nord-ouest du Pacifique avec sauce au citron et à l'aneth

Ingrédients:

- 6 lb de filets de saumon chinook
- Sel au goût
- 1 T de beurre fondu
- 1 tasse de jus de citron
- 4 cuillères à soupe. aneth séché
- 1 cuillère à soupe. sel à l'ail
- Poivre noir au goût
- 4 tasses de yaourt nature

Les directions:

Placer les filets de saumon dans un plat allant au four.

Mélanger le beurre et 1/2 jus de citron dans un petit bol et arroser le saumon. Assaisonner avec du sel et du poivre.

Mélanger le yogourt, l'aneth, la poudre d'ail, le sel de mer et le poivre. Étaler la sauce uniformément sur le saumon.

Essuyez rapidement la grille du gril à granulés chauds avec une serviette trempée dans un peu d'huile de canola, placez les filets sur le gril, tentez avec du papier d'aluminium et fermez le couvercle.

Griller le poisson, la peau vers le bas, à mi-saignant, environ 6 minutes.

35. Thon au wasabi poêlé

Ingrédients:

- Steaks de thon de 6 onces
- 1 1/4 tasse de vin blanc
- 1 tasse de feuilles de coriandre
- 1 tasse de beurre non salé
- 1/4 tasse d'échalotes, émincées
- 2 cuillères à soupe. vinaigre de vin blanc
- 1 cuillère à soupe de pâte de wasabi
- 1 cuillère à soupe de sauce soja
- 1 cuillère à soupe d'huile d'olive
- sel et poivre au goût

Les directions:

Mélanger le vin, le vinaigre de vin et les échalotes dans une casserole à feu moyen. Laisser mijoter pour réduire à environ 2 cuillères à soupe. Égoutter les échalotes et jeter.

Ajouter le wasabi et la sauce soja au mélange et réduire les granulés de bois préférés. Ajouter lentement le beurre en remuant jusqu'à ce qu'il soit bien mélangé. Incorporer la coriandre et retirer du feu. Mettre de côté.

Badigeonner les steaks de thon d'huile d'olive. Assaisonner de sel et de poivre et placer sur le gril.

Faites griller pendant 90 secondes, puis retournez et poursuivez la cuisson pendant 90 secondes de plus.

36. Marigane grillée au bacon

Ingrédients:

- 20 filets de marigane
- 20 tranches de bacon
- $\frac{1}{4}$ cuillère à café d'ail en poudre
- $\frac{1}{4}$ cuillère à café de poudre d'oignon
- $\frac{1}{4}$ cuillère à café de poivre

Les directions:

Saupoudrer d'épices sur les filets. Rouler les filets, envelopper de bacon et piquer avec un cure-dent.

Griller à feu doux, avec des granulés de granulés de bois préférés aux pommes, en retournant les filets plusieurs fois.

Assurez-vous d'éteindre toutes les flammes causées par la graisse de bacon avec un vaporisateur d'eau.

Cuire jusqu'à ce que le bacon soit brun et à l'intérieur des flocons de filet.

37. Apéritifs Mojo Crevettes Brochettes

Ingrédients:

- 2 livres. bacon tranché
- 64 crevettes crues, sans queue
- 2 C Mojo cubain traditionnel
- C Adobo Criollo
- 32 brochettes de granulés de bois Preferred, trempées

Les directions:

Rincer les crevettes crues et les égoutter. Dans un grand bol, mélanger les crevettes et les épices Adobo Criollo.

Enveloppez chaque crevette dans ½ tranche de bacon et enfilez deux wraps sur chaque brochette, en touchant et avec la brochette à travers le bacon et les crevettes.

Porter le gril à granulés à feu moyen, huiler et déposer les brochettes dans le gril.

Griller 3-5 minutes, jusqu'à ce que le bacon soit cuit, retourner et cuire 2-3 minutes de plus.

Retirer du gril et laisser reposer sur des plateaux recouverts d'essuie-tout 2-3 minutes avant de servir. pour ce type de grillades.

38. Queues de homard grillées sucrées

Ingrédients:

- 12 queues de homard
- ½ T d'huile d'olive
- T de jus de citron frais
- ½ T de beurre
- 1 cuillère à soupe. Ail écrasé
- 1 cuillère à café de sucre
- 1/2 cuillère à café de sel
- ½ cuillère à café de poivre noir

Les directions:

Mélanger le jus de citron, le beurre, l'ail, le sel et le poivre à feu moyen-doux et mélanger jusqu'à homogénéité, garder au chaud.

Créez une « zone froide » à une extrémité du gril à granulés. Badigeonner le côté chair des queues d'huile d'olive, placer sur le gril et cuire pendant 5 à 7 minutes, selon la taille de la queue de homard.

Après avoir retourné, badigeonner la viande de beurre à l'ail 2-3 fois.

La coquille doit être rouge vif quand ils sont finis. Retirez les queues du gril et, à l'aide de grands ciseaux de cuisine, ouvrez la partie supérieure de la coquille.

Servir avec du beurre à l'ail chaud pour tremper.

39. Huîtres Fumées Assaisonnées

Ingrédients:

- ½ tasse de sauce soja
- 2 cuillères à soupe de sauce Worcestershire
- 1 tasse de cassonade bien tassée
- 2 feuilles de laurier séchées
- 2 gousses d'ail, hachées
- 2 cuillères à café de sel et de poivre noir
- 1 cuillère à soupe de sauce piquante
- 1 cuillère à soupe d'oignon en poudre
- 2 douzaines d'huîtres crues écaillées
- ¼ tasse d'huile d'olive

- ½ tasse (1 bâton) de beurre non salé
- 1 cuillère à café d'ail en poudre

Les directions:

Dans un grand récipient, mélanger l'eau, la sauce soja, le Worcestershire, le sel, le sucre, les feuilles de laurier, l'ail, le poivre, la sauce piquante et la poudre d'oignon.

Immerger les huîtres crues dans la saumure et réfrigérer toute la nuit.

Placez les huîtres sur un tapis de gril antiadhésif, arrosez d'un filet d'huile d'olive et placez le tapis dans le fumoir.

Fumer les huîtres pendant 1h30 à 2h, jusqu'à ce qu'elles soient fermes. Servir avec le beurre et la poudre d'ail.

40. Vivaneau rouge en croûte de sucre

Ingrédients:

- 1 cuillère à soupe de cassonade
- 2 cuillères à café d'ail émincé
- 2 cuillères à café de sel
- 2 cuillères à café de poivre noir fraîchement moulu
- $\frac{1}{2}$ cuillère à café de flocons de piment rouge broyés
- 1 filet de vivaneau rouge ($1\frac{1}{2}$ à 2 livres)
- 2 cuillères à soupe d'huile d'olive, et plus pour huiler la grille
- 1 lime en tranches, pour la garniture

Les directions:

En suivant la procédure de démarrage spécifique du fabricant, préchauffez le fumoir à 225 °F et ajoutez du granulé de bois préféré d'aulne.

Dans un petit bol, mélanger la cassonade, l'ail et le sel, le poivre et les flocons de piment rouge pour faire un mélange d'épices.

Frottez l'huile d'olive sur tout le poisson et appliquez le mélange d'épices pour enrober.

Huilez la grille du gril ou un tapis de gril antiadhésif ou une grille à pizza perforée. Placer le filet sur la grille du fumoir et fumer pendant 1 h à 1 h 30, jusqu'à ce que la température interne de la fumée atteigne 145 °F.

Retirez le poisson des granulés de bois préférés et servez chaud avec les tranches de citron vert.

41. Mahi-Mahi au poivre et à l'aneth

Ingrédients:

- 4 filets de mahi mahi
- ¼ tasse d'aneth frais haché
- 2 cuillères à soupe de jus de citron fraîchement pressé
- 1 cuillère à soupe de poivre noir concassé
- 2 cuillères à café d'ail émincé
- 1 cuillère à café de poudre d'oignon
- 1 cuillère à café de sel
- 2 cuillères à soupe d'huile d'olive

Les directions:

Coupez les filets au besoin, en coupant toute ligne de sang rouge visible. Cela ne vous fera pas de mal, mais sa saveur plus robuste peut rapidement imprégner le reste du filet.

Dans un petit bol, fouetter ensemble l'aneth, le jus de citron, les grains de poivre, l'ail, la poudre d'oignon et le sel pour faire un assaisonnement.

Frottez le poisson avec l'huile d'olive et appliquez l'assaisonnement partout. Huilez la grille du gril ou un tapis de gril antiadhésif ou une grille à pizza perforée.

Placer les filets sur la grille du fumoir et fumer pendant 1h à 1h30.

42. Tacos de poisson aux piments ardents

Ingrédients:

- 1 boîte (16 onces) de salade de chou sucrée préparée
- 1 petit oignon rouge, haché
- 1 piment poblano, haché
- 1 piment jalapeño, haché
- 1 piment serrano, haché
- $\frac{1}{4}$ tasse de coriandre fraîche hachée
- 1 cuillère à soupe d'ail émincé
- 2 cuillères à café de sel, divisé

- 2 cuillères à café de poivre noir fraîchement moulu, divisé
- 1 citron vert, coupé en deux
- 1 livre de morue sans peau, de flétan ou de tout autre poisson blanc (voir conseil)
- 1 cuillère à soupe d'huile d'olive, et plus pour huiler la grille
- Tortillas à la farine ou au maïs
- 1 avocat, tranché finement

Les directions:

Faire la salade de chou.

Pressez la moitié du citron vert et coupez l'autre moitié en quartiers. Frotter le poisson partout avec le jus de citron vert et l'huile d'olive.

Assaisonner le poisson & Placer le poisson sur la grille du fumoir et fumer 1h à 1h30

43. Pétoncles Miel-Cayenne

Ingrédients:

- $\frac{1}{2}$ tasse (1 bâton) de beurre, fondu
- $\frac{1}{4}$ tasse de miel
- 2 cuillères à soupe de poivre de cayenne moulu
- 1 cuillère à soupe de cassonade
- 1 cuillère à café d'ail en poudre
- 1 cuillère à café de poudre d'oignon
- $\frac{1}{2}$ cuillère à café de sel
- 20 pétoncles géants (environ 2 livres)

Les directions:

Dans un petit bol, fouetter ensemble le beurre, le miel, le poivre de Cayenne, la cassonade, la poudre d'ail, la poudre d'oignon et le sel.

Placer les pétoncles dans une rôtissoire jetable en papier d'aluminium et verser le beurre au miel assaisonné dessus.

Placez le plat sur la grille du fumoir et fumez les pétoncles pendant environ 25 minutes, jusqu'à ce qu'ils soient opaques et fermes et que la température interne de la fumée atteigne 130 °F.

Retirer les pétoncles de Preferred Wood Pellet et servir chaud.

44. Queues de homard au beurre citronné

Ingrédients:

- 4 queues de homard (8 onces), fraîches (non congelées)
- 1 tasse (2 bâtonnets) de beurre non salé, fondu, divisé
- Jus de 2 citrons
- 1 cuillère à café d'ail émincé
- 1 cuillère à café de thym séché
- 1 cuillère à café de romarin séché
- 1 cuillère à café de sel
- 1 cuillère à café de poivre noir fraîchement moulu
- Huile d'olive, pour huiler la grille

- ¼ tasse de persil frais haché

Les directions:

Dans un petit bol, fouetter ensemble le beurre, le jus de citron, l'ail, le thym, le romarin, le sel et le poivre. Badigeonner chaque queue de homard avec 1 cuillère à soupe de beurre citronné.

Placez les queues sur la grille du fumoir, côté fendu vers le haut.

Fumer les queues pendant 45 minutes à 1 heure, en arrosant chacune d'1 cuillère à soupe de beurre citronné une fois pendant la cuisson.

Retirer les queues de homard et saupoudrer de persil et servir avec le reste de beurre citronné pour tremper.

45. Filets de saumon frais fumé

Ingrédients:

- 1 Filets de saumon (frais, sauvage, sans peau)
- 1/3 cuillère à café d'assaisonnement Old Bay
- 1 cuillère à café d'assaisonnement de base pour fruits de mer

Les directions:

Piquant pour le gril

Laver les filets de saumon à l'eau froide et utiliser une serviette en papier pour sécher

Frotter légèrement l'assaisonnement sur les filets de saumon

Piquant sur le fumoir à granulés de bois préféré

Réglez le gril du fumoir à granulés de bois
Preferred sur la cuisson indirecte et préchauffez à
400°F

Déposez les filets peau directement sur les grilles
du gril

Fumez les filets de saumon dans le fumoir jusqu'à
ce que la température interne de la fumée atteigne
140F et que la fourchette puisse facilement
émietter la chair

Laisser reposer le saumon 5 minutes

Servir et déguster

46. Sébaste Fumé des Caraïbes

Ingrédients:

- 4 onces de filets de sébaste du Pacifique
- 1 cuillère à soupe d'assaisonnement aux fruits de mer des Caraïbes
- 2 cuillères à café d'huile d'olive extra vierge

Les directions:

Frotter l'huile d'olive sur tous les côtés des filets de sébaste

Frotter légèrement l'assaisonnement sur les filets de saumon

Déposez les filets peau directement sur les grilles du gril

Fumez les filets de saumon dans le fumoir jusqu'à ce que la température interne de la fumée atteigne 140F et que la fourchette puisse facilement émietter la chair

Laisser reposer le saumon 5 minutes

Servir et déguster

47. Tilapia aux crevettes fumées

Ingrédients:

- 3 onces de filets de tilapia (frais, d'élevage)
- 3/4 cuillère à café de paprika (fumé)
- 1 cuillère à soupe d'olive extra vierge
- 3/4 cuillère à café d'assaisonnement aux fruits de mer

Ingrédients pour la farce aux crevettes :

- 1/2 livre de crevettes sans queue
- 1/2 tasse de chapelure
- 1/2 cuillère à soupe de beurre salé
- 3/4 cuillère à café de poivre

- 1 œuf (petit, battu)
- 1/4 tasse de mayonnaise
- 3/4 cuillère à café de persil (séché)

Les directions:

Verser les crevettes dans un robot culinaire pour les hacher finement

Faire chauffer l'olive à feu moyen-vif dans une grande poêle, ajouter le beurre et le faire fondre, puis ajouter l'oignon et faire sauter jusqu'à ce qu'il soit tendre

Mélanger le mélange sauté, les crevettes et le reste des ingrédients dans un bol couvert

Frotter l'huile d'olive sur tous les côtés des filets. Utilisez une cuillère pour farcir le dos de chaque filet.

Étaler la farce sur le dos des filets

Pliez les filets de tilapia en deux et utilisez des cure-dents pour les maintenir bien serrés.

Rôtir les filets pendant 40 minutes

48. Thon fumé en saumure

Ingrédients:

- 3 livres de filets de saumon (d'élevage)
- 2 tasses de saumure de poisson frais

Les directions:

Couper les filets en tailles de 4 pouces afin de pouvoir cuisiner à un rythme égal

Mettre les côtelettes de porc dans un récipient en plastique scellable et verser dans le récipient Poisson frais Saumure

Couvrir et placer au réfrigérateur pendant la nuit

Après cette durée, retirez les côtelettes de porc et séchez-les avec du papier absorbant

Réglez le Smoker grill sur cuisson indirecte

Transférer les filets de saumon dans un tapis en fibre de verre enduit de téflon

Préchauffer le fumoir à 180°F et cuire jusqu'à ce que la température de fumée interne des filets de saumon s'élève à 145°F

49. Thon Sauté Fumé

Ingrédients:

- 10 onces de steaks de thon (frais)
- 1 tasse de sauce Teriyaki

Les directions:

Couper le thon en 4 pouces pour pouvoir cuisiner à un rythme égal

Mettez les steaks de thon dans un récipient en plastique scellable et versez dans le récipient Sauce Teriyaki

Couvrir et placer au réfrigérateur pendant 3 heures

Après cette durée retirez les steaks de thon et séchez-les avec du papier absorbant

Transférer le filet sur une plaque de cuisson antiadhésive et placer dans le fumoir pendant 1 heure

Après ce temps, augmentez les granulés de bois préférés à 250°F et faites cuire jusqu'à ce que la température interne de la fumée du thon s'élève à 145°F.

Retirez-les du gril et laissez reposer 10 minutes

Servir et déguster

50. Truite en saumure fumée

Ingrédients:

- 2 truites entières (fraîches, avec la peau, les arêtes enlevées)
- 3 tasses de saumure de poisson frais

Les directions:

Mettre la truite dans un récipient en plastique scellable et verser dans le récipient Poisson frais Saumure

Transférer le filet sur une plaque de cuisson antiadhésive et placer dans le fumoir pendant 1 minute

Continuez à fumer jusqu'à ce que le he interne du thon s'élève à 145°F

Retirez-les du fumoir et laissez reposer 5 minutes

Servir et déguster

CONCLUSION

Alors maintenant que nous avons atteint la fin du livre, je suis très optimiste que vous connaissez bien certaines des meilleures recettes de grillades à fumer qui feront de vous un pro des grillades, du barbecue et de la cuisine en général.

Parfois, voir autant de recettes brièvement peut être très écrasant. Par conséquent, nous avions segmenté ce livre en différentes sections, chacune couvrant des recettes du même type. Alors, parcourez le livre au fur et à mesure de vos besoins et assurez-vous de bien suivre les instructions de la recette.

Lightning Source UK Ltd.
Milton Keynes UK
UKHW020625280621
386273UK00001B/7